ښوونځی - Szkoła 2
سفر - Podróż 5
ترانسپورت - Transport 8
ښار - Miasto 10
منظره - Krajobraz 14
ریستورانت - Restauracja 17
لوی پلورنځی - Supermarket 20
څښاک - Napoje 22
خواړه - Jedzenie 23
کرونده - Gospodarstwo chłopskie 27
کور - Dom 31
د اوسیدو خونه - Pokój dzienny 33
پخلنځی - Kuchnia 35
حمام - Łazienka 38
د ماشوم خونه - Pokój dziecięcy 42
پوښاک - Ubiór 44
دفتر - Biuro 49
اقتصاد - Gospodarka 51
مسلکونه - Zawody 53
لوازم - Narzędzia 56
د میوزیک آلات - Instrumenty muzyczne 57
ژوبڼ - Zoo 59
ورزش - Sport 62
فعالیتونه - Działania 63
کورنی - Rodzina 67
بدن - Ciało 68
روغتون - Szpital 72
عاجل - Nagły przypadek 76
ځمکه - Ziemia 77
ساعت - Zegar 79
اونۍ - Tydzień 80
کال - Rok 81
شکلونه - Kształty 83
رنګونه - Kolory 84
متضاد - Przeciwieństwa 85
شمیري - Liczby 88
ژبي - Języki 90
څوک/څه/څنګه - kto / co / jak 91
چیري - gdzie 92

Impressum
Verlag: BABADADA GmbH, Nedderfeld 112 , 22529 Hamburg
Geschäftsführer / Verlagsleitung: Harald Hof
Druck: Books on Demand GmbH, In de Tarpen 42, 22848 Norderstedt

Imprint
Publisher: BABADADA GmbH, Nedderfeld 112 , 22529 Hamburg, Germany
Managing Director / Publishing direction: Harald Hof
Print: Books on Demand GmbH, In de Tarpen 42, 22848 Norderstedt, Germany

Szkoła

تولګی
Sala lekcyjna

تقسیم
dzielić

186/2

د ښوونځي حویلی
Dziedziniec szkolny

بورد
Tablica

ښوونکی
Nauczyciel

لیکل
pisać

ورق
Papier

قلم
Pisak

ډیسک
Biurko

خط کش
Liniał

کتاب
Książka

زده کونکی
Uczeń

کڅوړه

Plecak szkolny

د پنسل بکسه

Piórnik

پنسل

Ołówek

پنسل تراش

Temperówka

ربړ

Gumka do mazania

د رسامۍ پانه

Blok rysunkowy

رسامي

Rysunek

د نقاشی برس

Pędzel

د نقاشی بکس

Pudełko z akwarelami

قیچی

Nożyce

سریش

Klej

د تمرین کتاب

Książka do ćwiczenia

کورنۍ دنده

Zadanie domowe

12

شمیر

Liczba

2+2

جمع

dodawać

5-2

منفي

odejmować

2×2

ضرب

mnożyć

حساب

liczyć

A

توری

Litera

ABCDEFG
HIJKLMN
OPQRSTU
VWXYZ

الفبا

Alfabet

hello

کلمه

Słowo

متن

Tekst

لوستل

czytać

تباشیر

Kreda

درس

Godzina

راجستر

Dziennik lekcyjny

ازموینه

Egzamin

تصدیق پانړه

Świadectwo

د ښوونځي یونیفارم

Mundurek szkolny

تعلیم

Wykształcenie

دایره المعارف

Leksykon

پوهنتون

Uniwersytet

مایکروسکوپ

Mikroskop

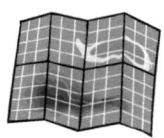

نقشه

Mapa

اشغالدانی

Kosz na odpadki

سفر
Podróż

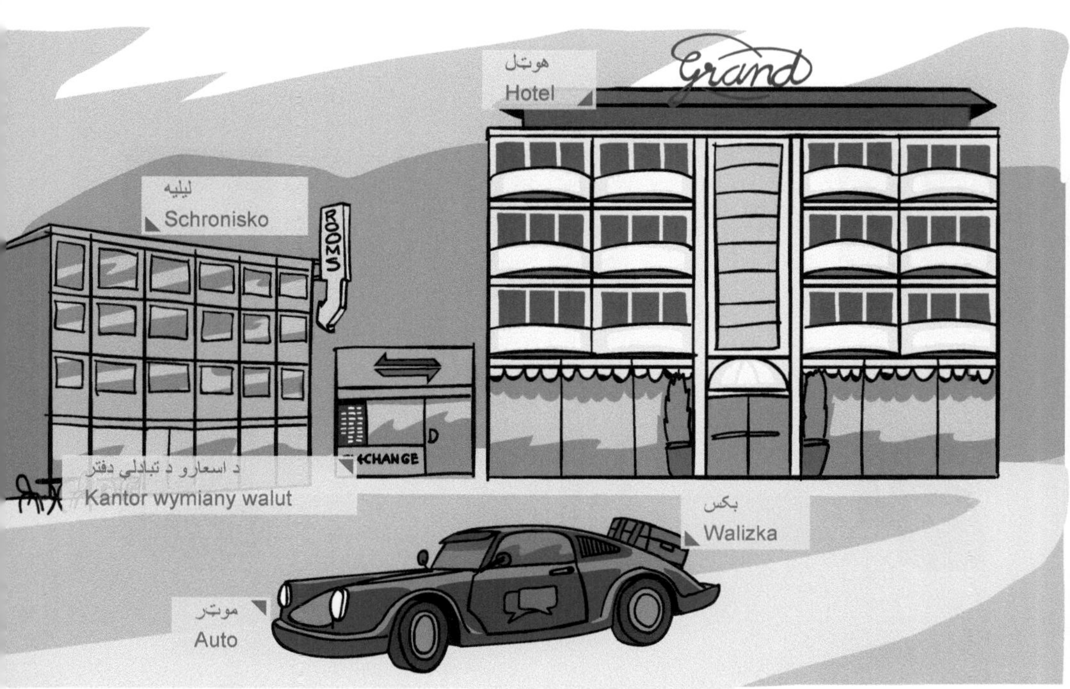

هوټل
Hotel
Grand
لیلیه
Schronisko
ROOMS
د اسعارو د تبادلې دفتر
Kantor wymiany walut
بکس
Walizka
موټر
Auto

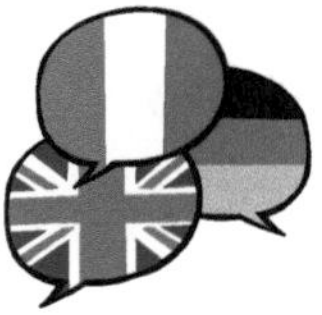

ژبه

Język

هو/نه

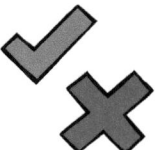

tak / nie

سمه ده

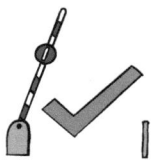

OK

سلام

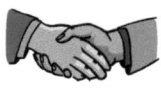

Halo

ژباړونکی

Tłumacz

مننه

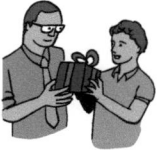

Dziękuję

څومره دي...؟

Ile kosztuje ...?

زه نه پوهيږم

Nie rozumiem

ستونزه

Problem

ماښام مو پخير!

Dobry wieczór!

سهار په خير!

Dzień dobry!

شپه په خير!

Dobranoc!

په مخه مو ښه

Do widzenia

لاريتوود

Kierunek

سامان

Bagaż

بيګ

Torba

شاتنى بکس

Plecak

ميلمه

Gość

خونه

Pokój

د خوب کڅوړه

Śpiwór

خيمه

Namiot

د توريزم معلومات

Informacja turystyczna

ساحل

Plaża

کریډیټ کارت

Karta kredytowa

ناری

Śniadanie

د غرمي خواړه

Obiad

د شپی خواړه

Kolacja

ټیکټ

Bilet

لفټ

Winda

مهر

Znaczek na list

پوله

Granica

کمرک

Cło

سفارت

Ambasada

ویزه

Wiza

پاسپورټ

Paszport

ټرانسپورټ

Transport

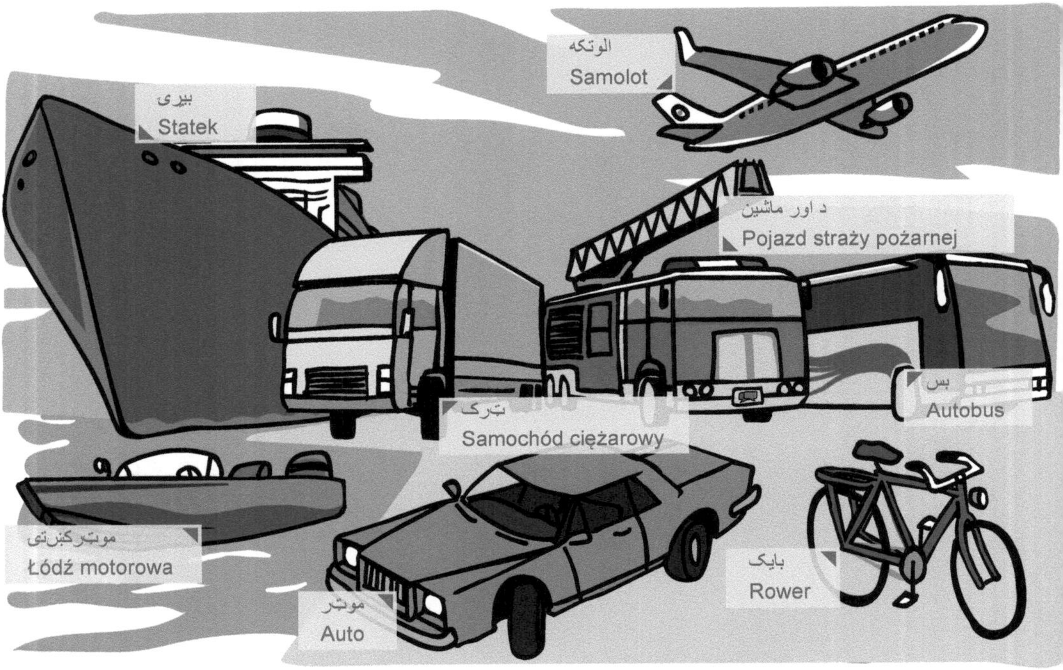
الوتکه
Samolot
بیړی
Statek
د اور ماشین
Pojazd straży pożarnej
بس
Autobus
ټرک
Samochód ciężarowy
موټرکښتی
Łódź motorowa
بایک
Rower
موټر
Auto

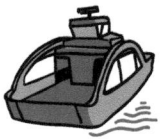

کښتی

Prom

کښتی

Łódź

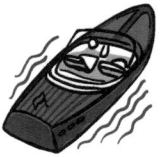

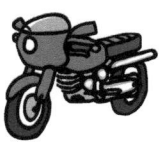

موټرسایکل

Motocykl

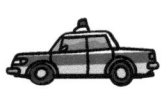

د پولیسو موټر

Radiowóz policyjny

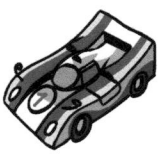

د ریس موټر

Samochód wyścigowy

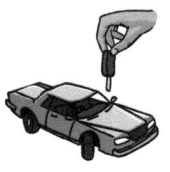

کرایی موټر

Samochód wypożyczony

د کرایه موټری

Wspólne przejazdy
samochodem

د ثقیل لرونکی ترک جرت

Samochód pomocy
drogowej

ترک زویفر

Śmieciarka

موټر

Silnik

سونګ توکی

Benzyna

پټرول ستیشن

Stacja benzynowa

ترافیکي نښه

Znak drogowy

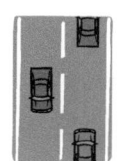

ترافیک

Ruch

جام ترافیک

Korek

د موټرو تمځای

Parking

د ریل ستیشن

Dworzec

پاتتکی

Szyny

ریل

Pociąg

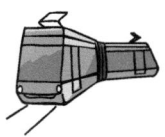

ټرام

Tramwaj

واګون

Wagon

چورلکه

Helikopter

هوايي ډکـر

Lotnisko

برج

Wieża

مسافر

Pasażer

کانتينرز

Kontener

کارتون

Karton

کارت

Taczka

ټوکری

Kosz

الوتنه کوله/کښيناستل

startować / lądować

Miasto

کلی

Wieś

د ښار مرکز

Centrum miasta

کور

Dom

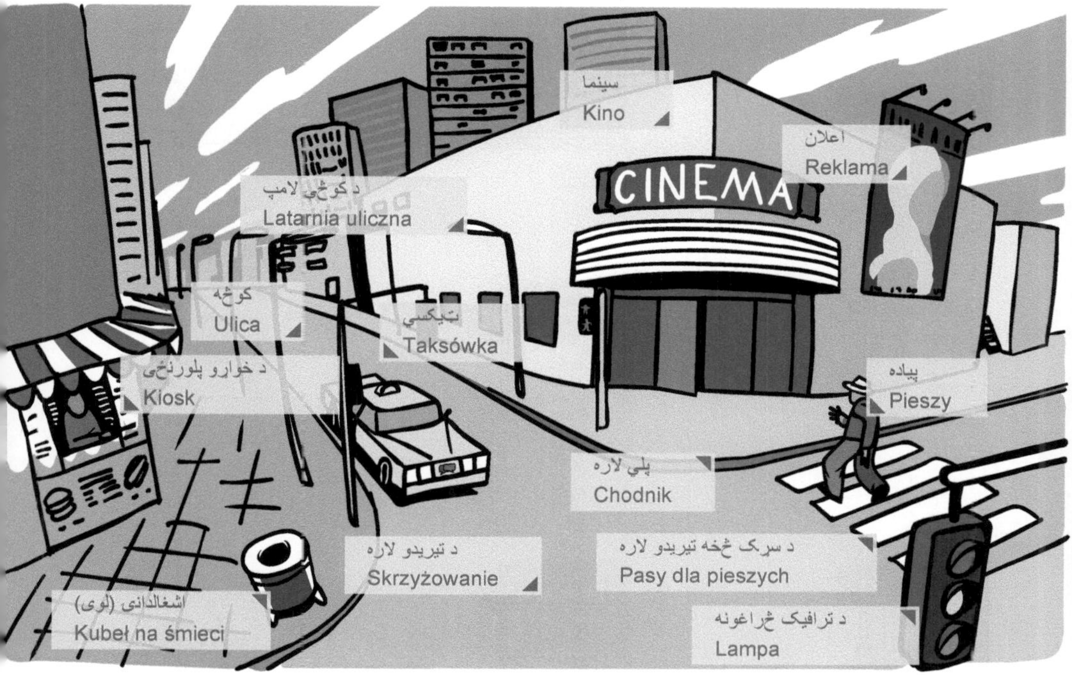

سینما\
Kino

اعلان\
Reklama

د کوڅې لامپ\
Latarnia uliczna

کوڅه\
Ulica

ټکسي\
Taksówka

د خوارو پلورنځی\
Kiosk

پیاده\
Pieszy

پلي لاره\
Chodnik

د تیریدو لاره\
Skrzyżowanie

د سړک څخه تیریدو لاره\
Pasy dla pieszych

اشغالدانی (لوی)\
Kubeł na śmieci

د ترافیک څراغونه\
Lampa

کودله\
..................\
Chata

اپارتمان\
..................\
Mieszkanie

د ریل ستیشن\
..................\
Dworzec

ښاروال هال\
..................\
Ratusz

میوزیم\
..................\
Muzeum

ښوونځی\
..................\
Szkoła

پوهنتون

Uniwersytet

بانک

Bank

روغتون

Szpital

هوتل

Hotel

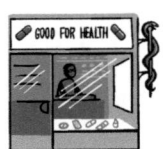

درملتون

Apteka

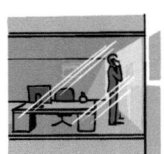

دفتر

Biuro

کتاب پلورنځی

Księgarnia

پلورنځی

Sklep

د ګلانو پلورنځی

Kwiaciarnia

لوی پلورنځی

Supermarket

مارکیټ

Rynek

د دیپارتمنت ستور

Dom towarowy

کب پلورنځی

Sklep z rybami

د پلور مرکز

Centrum handlowe

لنګرتون

Port

پارک

Park

بينچ

Ławka

پل

Most

زينه

Schody

د ځمکي لاندي

Metro

تونل

Tunel

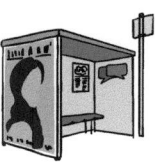

بس تمځای

Przystanek autobusowy

بار

Bar

ريستورانت

Restauracja

پوست بکس

Skrzynka na listy

د کوڅی نښه

Tabliczka z nazwą ulicy

د پارک کولو ميتر

Parkometr

ژوبڼ

Zoo

د لامبو حوض

Łaźnia

مسجد

Meczet

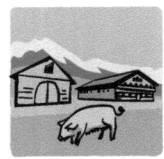

کرونده

Gospodarstwo chłopskie

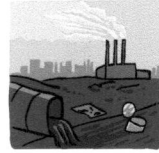

ناپاکي

Zanieczyszczenie środowiska

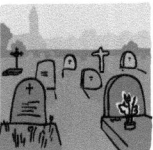

هدیره

Cmentarz

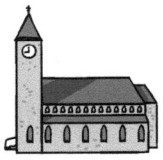

چرچ

Kościół

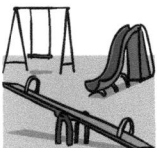

د لوبو ډګر

Plac zabaw

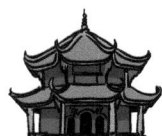

معبد/کلیسا

Świątynia

منظره

Krajobraz

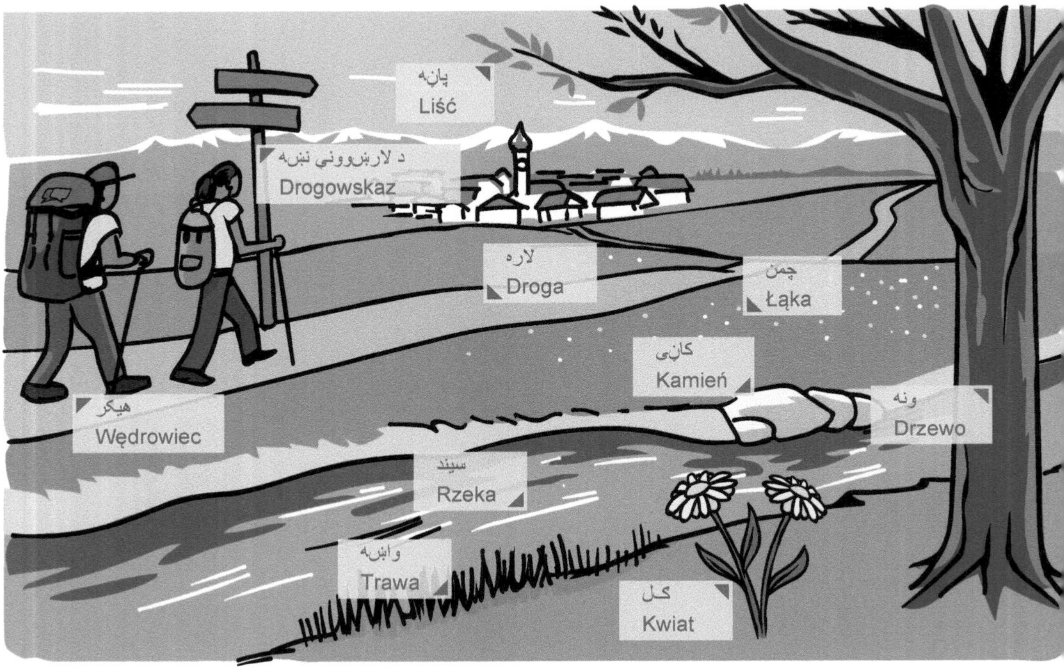

پاڼه
Liść
د لاربښوونې نښه
Drogowskaz
لاره
Droga
چمن
Łąka
کاڼی
Kamień
هیکر
Wędrowiec
ونه
Drzewo
سیند
Rzeka
واښه
Trawa
ګل
Kwiat

دره
....
Dolina

غوندی
....
Góra

ناور
....
Jezioro

ځنګل
....
Las

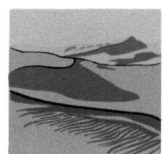

دشته
....
Pustynia

اورشیندی
....
Wulkan

كلا
....
Zamek

رنګین کمان
....
Tęcza

مرخيړي
....
Grzyb

پلم ونه
....
Palma

ماشی
....
Komar

الوتل
....
Mucha

ميږی
....
Mrówka

مچی
....
Pszczoła

غوندۍ/جولا
....
Pająk

كونگكت

Chrząszcz

چونگبشه

Żaba

نولى

Wiewiórka

زيركى

Jeż

سوى

Zając

كونگ

Sowa

مرغى

Ptak

قازه

Łabędź

نرخوک

Dzik

هوسى

Jeleń

گاوزه

Łoś

بند

Tama

بادي توربين

Wiatrak

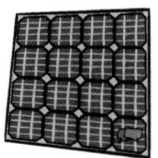

سولر تختى

Moduł solarny

اقليم

Klimat

پیشخدمت
Kelner

مینو
Menu

چوکی
Krzesło

سوپ
Zupa

پیزا
Pizza

چاقو، چنگال، قاشق
Sztućce

د میز تورته
Obrus

ستارتر
Przystawka

اصلي خواړه
Danie główne

شیریني
Deser

څښاک
Napoje

خواړه
Jedzenie

بوتل
Butelka

فاسټ فوډ

Fastfood

د کوڅي خواړه

Streetfood

چای جوش

Dzbanek na herbatę

قندانی

Cukierniczka

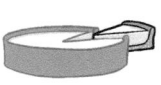

برخه

Porcja

اسپرسو مشین

Zaparzarka do espresso

لوره چوکی

Krzesło dla dziecka

رسید

Rachunek

مجمه

Taca

چاکو

Nóż

پنجه

Widelec

قاشق

Łyżka

چای قاشق

Łyżeczka

سورویت

Serwetka

گلاس

Szklanka

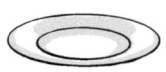

پلیټ
....
Talerz

د سوپ پلیټ
....
Talerz do zupy

نالبکی
....
Podstawek pod filiżankę

ساس
....
Sos

مالګه شیندونکی
....
Solniczka

د مرچ ټکولو لو خی
....
Młynek do pieprzu

سرکه
....
Ocet

غوړي
....
Olej

مساله
....
Przyprawy

کچ اپ
....
Keczup

مشرشم
....
Musztarda

چکه
....
Majonez

لوی پلورنځی
Supermarket

خانګړی وړاندیز
Oferta
FOR
پیرودونکی
Klient
لبنیات
Produkty mleczne
میوه
Owoce
لاسي ځرخ
Wózek sklepowy

BUTCHERS

قصابي
Rzeźnia

BAKERY

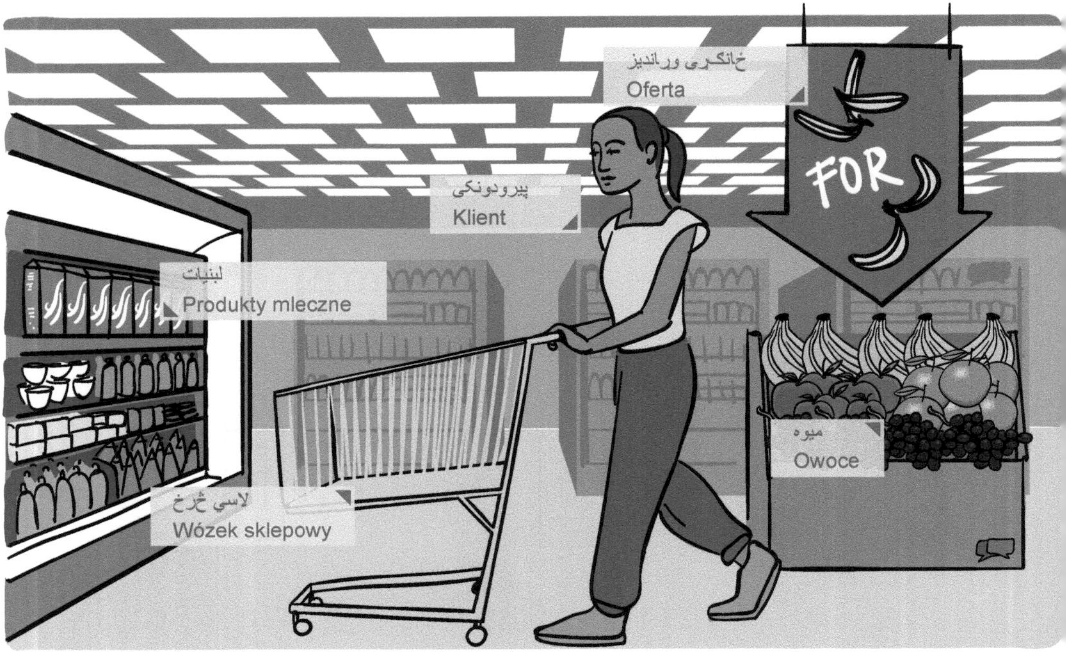

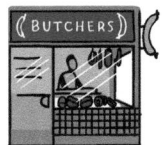

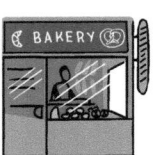

نانوایی
Piekarnia

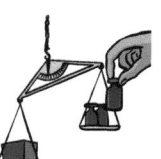

وزن کول
ważyć

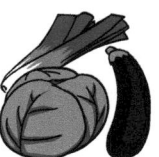

سبزیجات
Warzywa

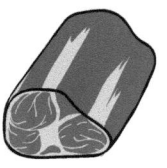

غوښه
Mięso

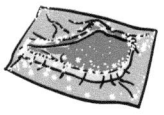

کنګل خواړه
Mrożonki

يخه غوښه
Wędliny

كنسروا خواړه
Konserwy

د مينځلو پوډر
Proszek m do prania

شيريني
Słodycze

كورني توليدات
Artykuły użytku domowego

د پاكولو محصولات
Środek czyszczący

د پلور فرد
Sprzedawczyni

د نغدي راجستر
Kasa

صراف
Kasjer

د پيرود ليست
Lista zakupów

كاري ساعتونه
Godziny otwarcia

بټوه
Portfel

كريډيټ كارت
Karta kredytowa

كڅوړه
Torba

پلاستيک كڅوړه
Torebka plastikowa

Napoje

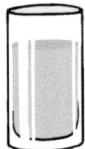

اوبه

Woda

جوس

Sok

شیده

Mleko

کوک

Cola

واین

Wino

بیر

Piwo

الکول

Alkohol

ککاو

Kakao

چای

Herbata

کافي

Kawa

اسپرسو

Espresso

کپچینو

Cappuccino

كيله

Banan

من‌ه

Jabłko

نارنج

Pomarańcza

هندوانه

Arbuz

ليمو

Cytryna

كازره

Marchew

هوږه

Czosnek

بانكس

Bambus

پياز

Cebula

مرخيري

Grzyb

چغزى

Orzechy

آش

Makaron

سپيگـتـي

Spaghetti

وريجی

Ryż

سلاد

Sałatka

چيپس

Frytki

سره كري كچالو

Ziemniaki pieczone

پيزا

Pizza

همبرگـر

Hamburger

ساندويچ

Kanapka

كتره

Sznycel

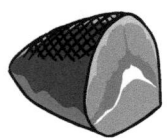

د پتون غوښه

Szynka

سلمي

Salami

سماسج

Kiełbasa

چرگ

Kura

روسټ

Pieczeń

كب

Ryba

د وربشی شیرني
....
Płatki owsiane

موسلي
....
Musli

د جوار پلی
....
Płatki kukurydziane

اوړه
....
Mąka

کروسانت
....
Croissant

د ډوډۍ رول
....
Bułka

ډوډۍ
....
Chleb

ټوسټ
....
Toast

بسکیټ
....
Ciastka

کوچ
....
Masło

چکه
....
Twarożek

کیک
....
Ciasto

هګۍ
....
Jajko

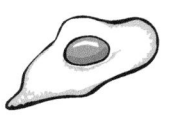

پنسي هګۍ
....
Jajko sadzone

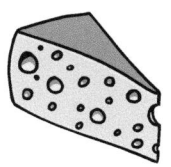

پنیر
....
Ser

آیس کریم

Lody

بوره

Cukier

شهد

Miód

مربا

Marmolada

نوگات کریم

Krem nugatowy

کورکمان

Curry

Gospodarstwo chłopskie

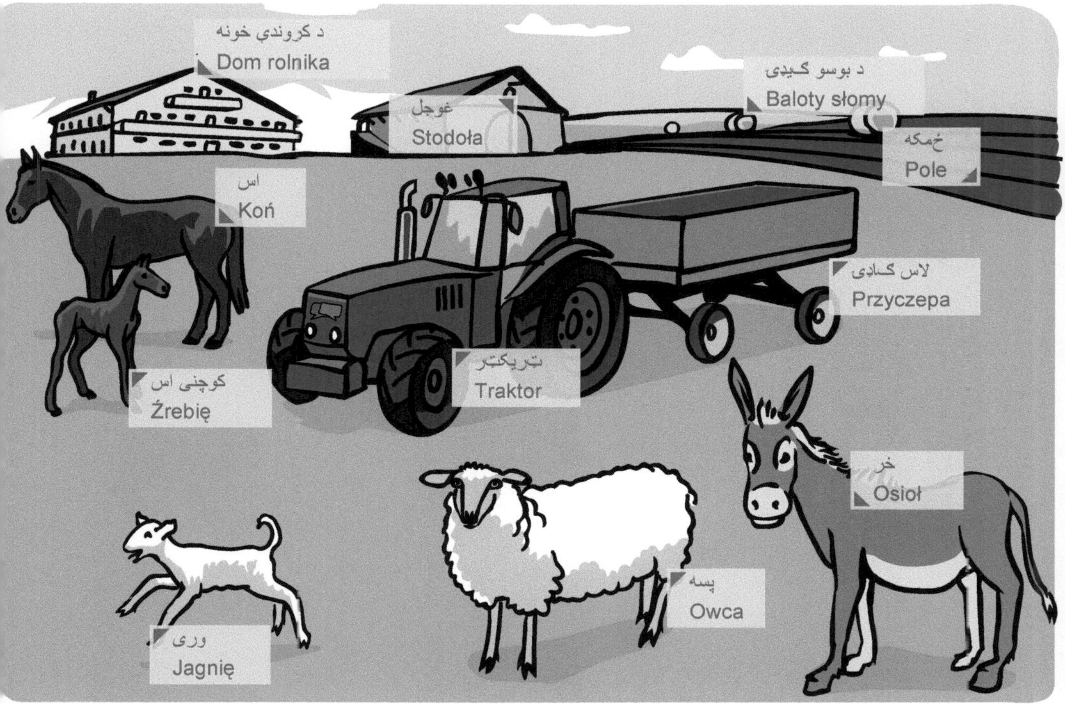
د کروندي خونه
Dom rolnika
غوجل
Stodoła
د بوسو ګيډۍ
Baloty słomy
ځمکه
Pole
اس
Koń
لاس ګاډی
Przyczepa
کوچنی اس
Źrebię
تریکټر
Traktor
خر
Osioł
پسه
Owca
وری
Jagnię

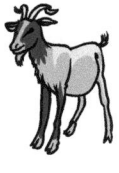

وزه
....
Koza

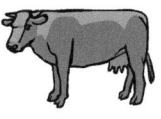

غوا
....
Krowa

خوسکی
....
Cielę

خوګ
....
Świnia

د خوګ بچی
....
Prosię

غويی
....
Byk

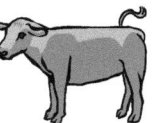

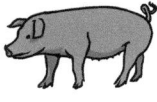

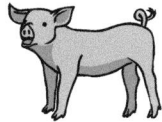

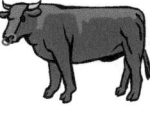

بتھ

Gęś

هيلۍ

Kaczka

چرکورۍ

Kurczątko

چرګه

Kura

بانګي

Kogut

سارای موږک

Szczur

پیشک

Kot

موږک

Mysz

غویی

Osioł

سپی

Pies

د سپي خونه

Buda dla psa

د باغ هوز

Wąż ogrodowy

د اوبو لوخی

Konewka

لور (داس)

Kosa

يوی

Pług

لور

Sierp

رمبی

Graca

شاخی

Widły

تبر

Siekiera

کراچی

Taczka

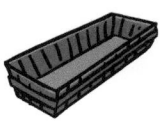

ناوه

Koryto

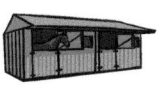

د شیدو لوخی

Kanka na mleko

جوال

Worek

کتاره

Płot

مضبوط

Stajnia

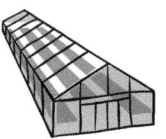

شنه خونه

Szklarnia

خاوره

Ziemia

تخم

Nasiona

سره/کود

Nawóz

کد ریبونکی ماشین

Kombajn zbożowy

کول مه‌ریز

zbierać

دنرمد

Żniwa

خواره کچالو

Podchrzyn

غنم

Pszenica

سویا

Soja

کچالو

Ziemniak

جوار

Kukurydza

نباتي تخم

Rzepak

د میوي ونه

Drzewo owocowe

مانیوک

Maniok

غله

Zboże

درڅه
Komin

بام
Dach

ناودان
Rynna deszczowa

کرکۍ
Okno

ګراج
Garaż

د دروازی زنګ
Dzwonek

دروازه
Drzwi

اشغالداني
Wiaderko na śmiec

د لیک بکس
Skrzynka na listy

باغ
Ogród

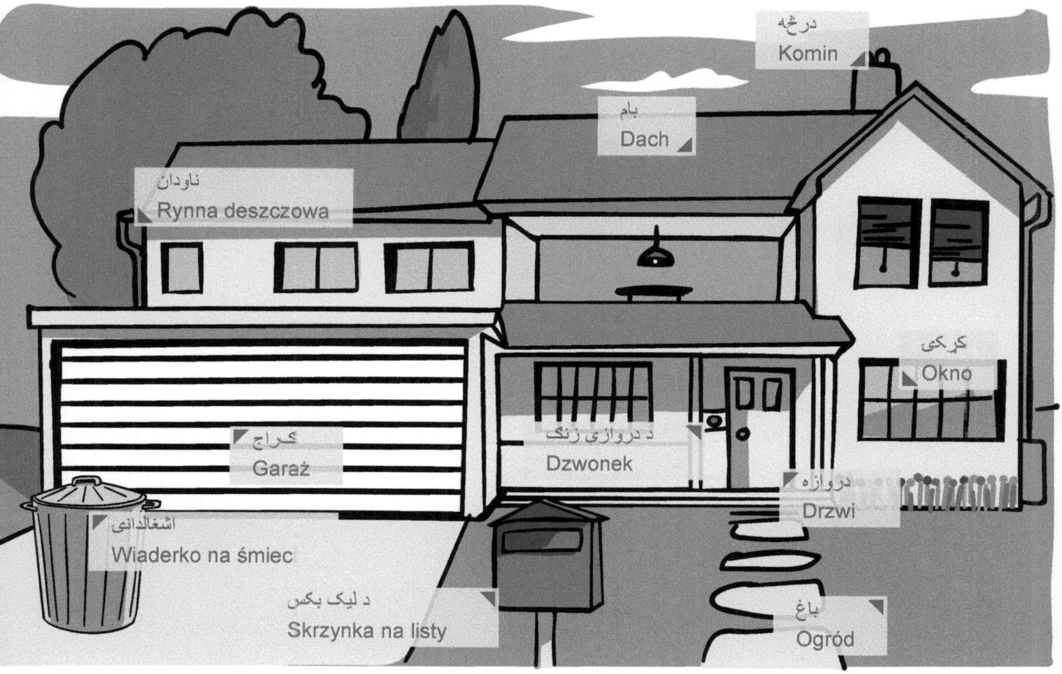

د اوسیدو خونه

Pokój dzienny

حمام

Łazienka

پخلنځی

Kuchnia

د ویده کیدو خونه

Sypialnia

د ماشوم خونه

Pokój dziecięcy

د خوارو خونه

Jadalnia

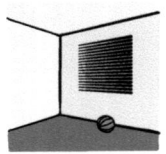

فرش
....
Ziemia

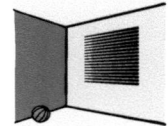

ديوال
....
Ściana

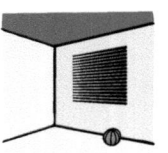

چت
....
Koc

زيرخانه
....
Piwnica

سونا
....
Sauna

بالكوني
....
Balkon

ترّاس
....
Taras

حوض
....
Basen

د چمن وهلو ماشين
....
Kosiarka do trawy

‍ٹبيت
....
Poszwa

روجایی
....
Kołdra

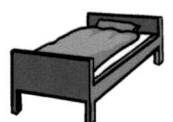

تخت
....
Łóżko

جارو
....
Miotła

بوكه
....
Wiadro

سويچ
....
Włącznik

Pokój dzienny

والپیپر
Tapeta
عکس
Obraz
لامپ
Lampa
شیلف
Regał
الماری
Szafa
تلویزیون
Telewizor
نغری
Komin
ګل
Kwiat
بالښت
Poduszka
صوفه
Kanapa
ګلدانی
Wazon
ریموټ کنټرول
Pilot

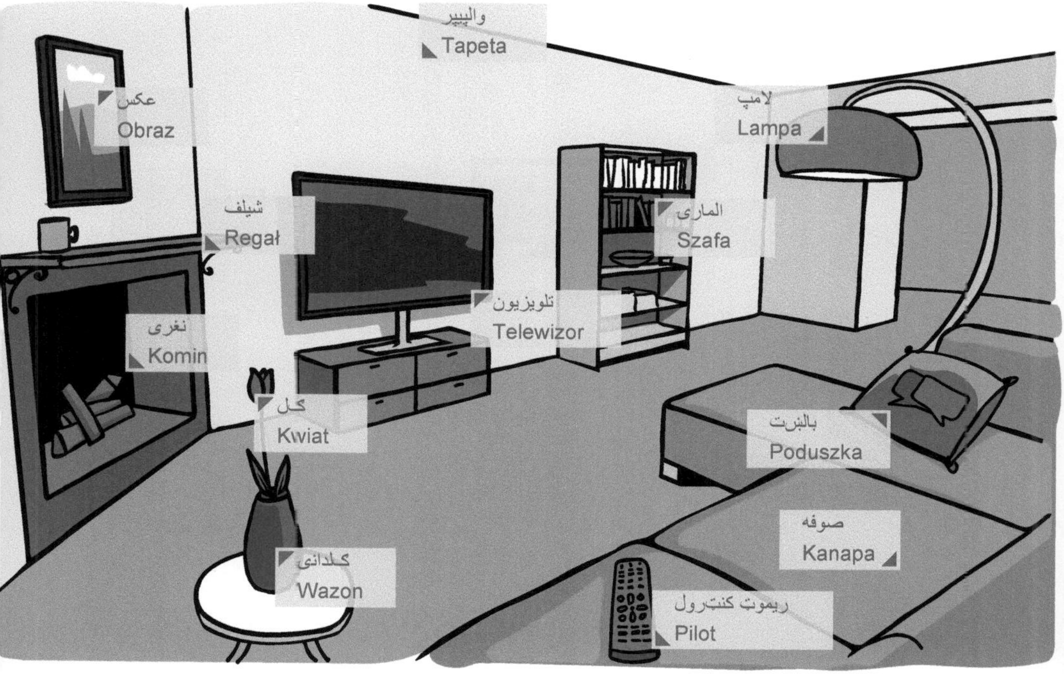

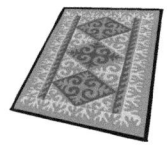

غالی

Dywan

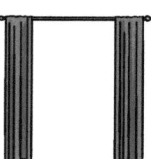

پرده

Zasłona

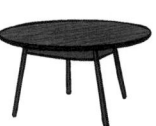

میز

Stół

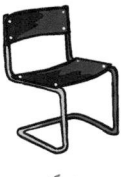

چوکی

Krzesło

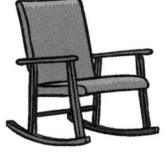

تاویدونکي چوکی

Bujak

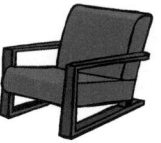

بازو لرونکی چوکی

Fotel

كتاب

Książka

كمپل

Sufit

ديكوريشن

Dekoracja

د اور لرګي

Drewno kominkowe

فلم

Film

هايفاى

Instalacja stereo

كلي

Klucz

ورځپاڼه

Gazeta

نقاشي

Malunek

پوستر

Plakat

راديو

Radio

كتابچه

Notatnik

واكيوم جارو

Odkurzacz

كاكتوس

Kaktus

شمع

Świeczka

پخلنځی
Kuchnia

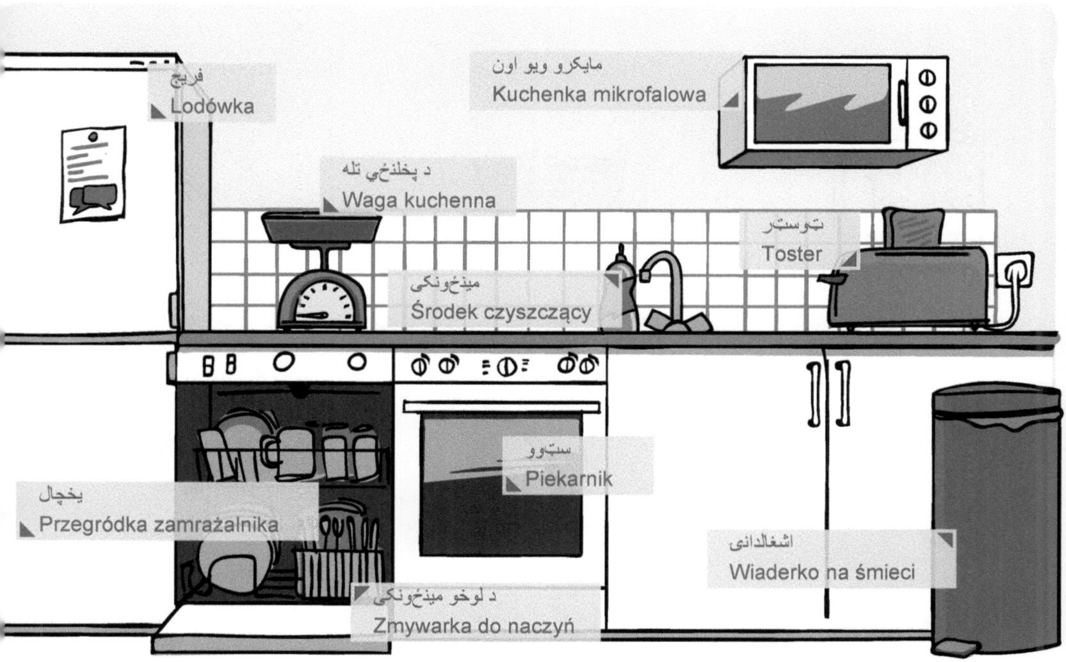
فریج
Lodówka
مایکرو ویو اون
Kuchenka mikrofalowa
د پخلنځي تله
Waga kuchenna
توستر
Toster
مینځونکی
Środek czyszczący
سټوو
Piekarnik
یخچال
Przegródka zamrażalnika
اشغالدانی
Wiaderko na śmieci
د لوخو مینځونکی
Zmywarka do naczyń

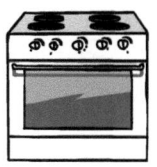

دیگ بخار

Kuchenka

لوخی

Garnek

چدني لوخی

Kocioł żeliwny

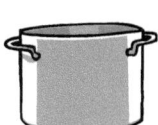

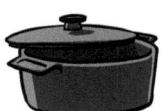

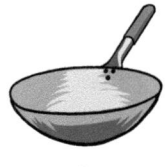

ووک

Wok / Kadai

د تلي په

Patelnia

چای جوش

Czajnik

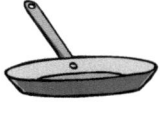

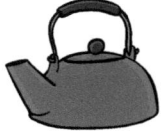

د بخار دیگ

Parowar

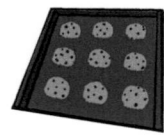

پتنوس

Blacha do pieczenia

لوخي

Naczynia kuchenne

مګ

Kubek

كاسه

Miska

د رانيولو اوزار

Pałeczki

څمڅی

Nabierka

کفګیر

Łopatka do smażenia

پاکونکی

Trzepaczka do śmietany

صافي

Cedzak

غلبیل

Sitko

ګریتر

Tarka

اونګ

Moździerz

بار بي کيو

Grillowanie

خلاص اور

Palenisko

تخته

Deska

هوارونکی

Wałek do ciasta

کارک سکریو

Korkociąg

تین

Puszka

د تین خلاصونکی

Otwieracz do puszek

د لوخی بتویته

Ściereczka do trzymania garnka

ظرف شوی

Umywalka

برس

Szczotka

سپنج

Gąbka

بلیندر

Mikser

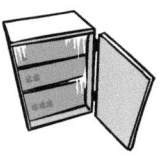

ژور یخچال

Zamrażarka

د ماشوم بوتل

Butelka dla niemowlęcia

نل

Kran

حمام
Łazienka

شاور
Prysznic
تودول
Ogrzewanie
جان پاک
Ręcznik
د شاور پرده
Kotara prysznicowa
ببل حمام
Płyn do kąpieli
د حمام ټب
Wanna kąpielowa
ګلاس
Szklanka
د مينځلو مشين
Pralka
نل
Kran
ټايلونه
Kafelki
يو دول کمود
Nocnik
ظرف شوی
Umywalka

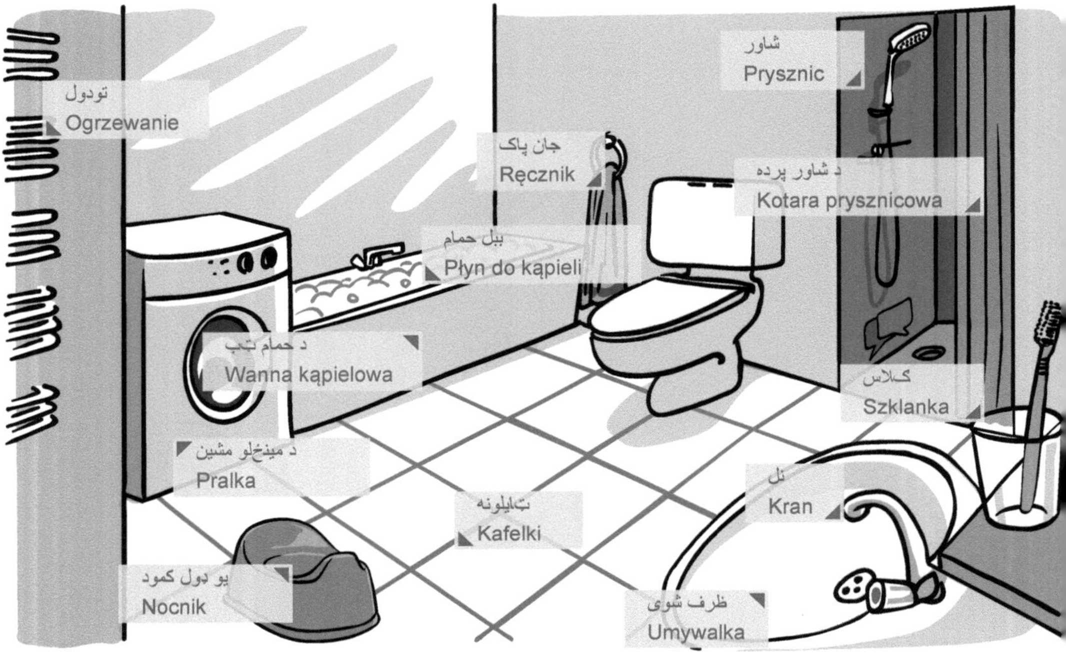

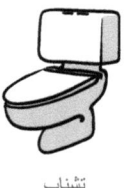

تشناب

Toaleta

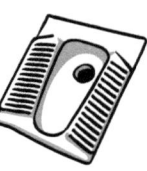

فرشي کمود

Toaleta kuczna

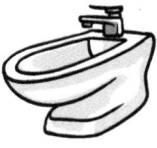

کمود

Bidet

د متيازو ځای

Pisuar

تشناب کاغذ

Papier toaletowy

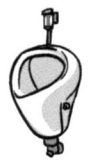

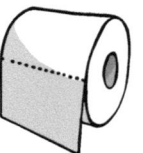

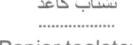

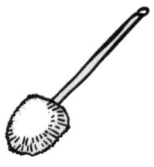

د تشناب برس

Szczotka toaletowa

د غاښونو برس

Szczoteczka do zębów

د غاښونو کریم

Pasta do zębów

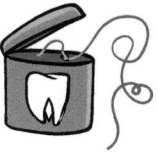

د غاښونو نخ

Nitki do czyszczenia zębów

مینځل

myć

لاسي شاور

Głowica prysznicowa

دوش

Płyn kąpielowy do higieny intymnej

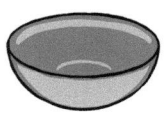

خانک

Miska do mycia

د شا برس

Szczotka kąpielowa

صابون

Mydło

د شاور ژل

Żel prysznicowy

شامپو

Szampon

فلانل جامه

Rękawica kąpielowa

وچول

Odpływ

کریم

Krem

سپری

Dezodorant

آينه
....
Lustro

آينه ي لاسي
....
Lustro kosmetyczne

ريزر
....
Golarka

د خريلو فوم
....
Pianka do golenia

د خريلو وروسته
....
Woda po goleniu

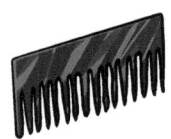

خمنگ
....
Grzebień

برس
....
Szczotka

د ويښتانو وچونکی
....
Suszarka do włosów

د ويښتانو سپری
....
Spray do włosów

ميک اپ
....
Makijaż

ليپ سټيک
....
Pomadka

د نوکانو پالش
....
Lakier do paznokci

کاټن وری
....
Wata

ناخن گير
....
Nożyczki do paznokci

عطر
....
Perfum

د میڅخلو کڅوره

Kosmetyczka

ستول

Taboret

د وزن کولو تله

Waga

د حمام پوښاک

Szlafrok kąpielowy

د ربر دستکش

Rękawice gumowe

تامپون

Tampon

صحیی جان پاک

Podpaska damska

کیمیکل تشناب

Toaleta chemiczna

د ماشوم خونه
Pokój dziecięcy

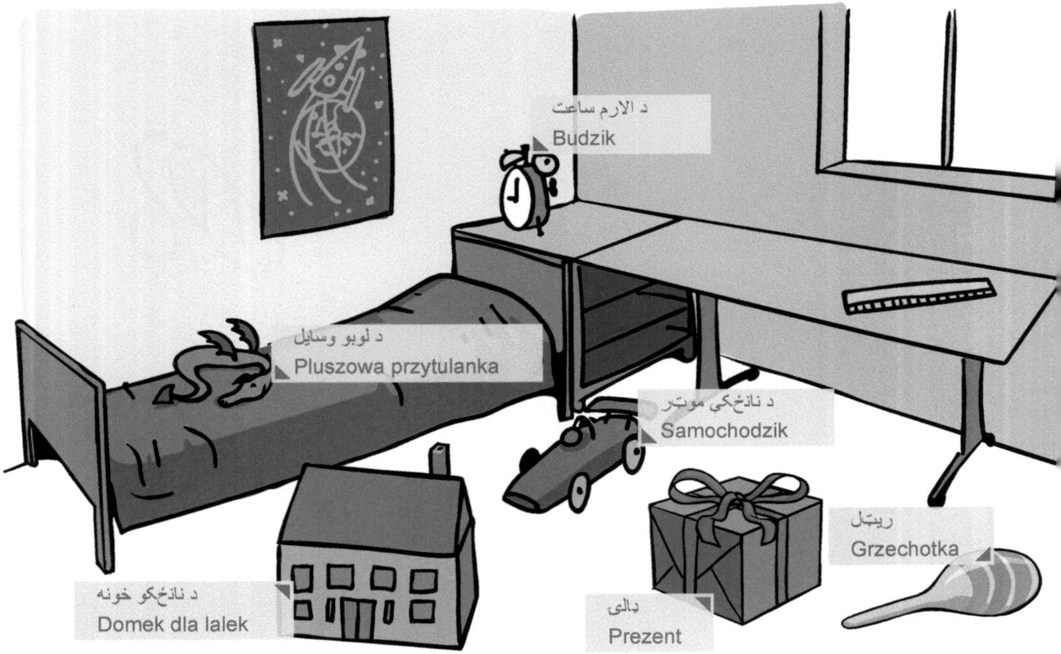

د الارم ساعت
Budzik
د لوبو وسایل
Pluszowa przytulanka
د ناڅکي موټر
Samochodzik
ریټل
Grzechotka
د ناڅکو خونه
Domek dla lalek
ډالۍ
Prezent

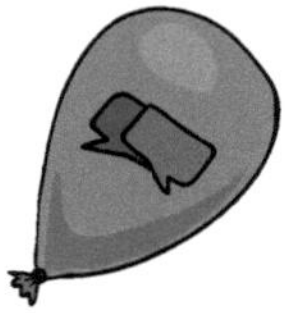

بالون

Balon

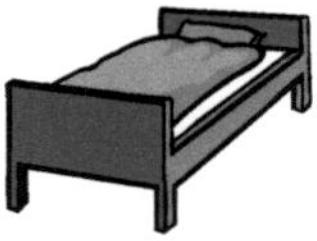

تخت

Łóżko

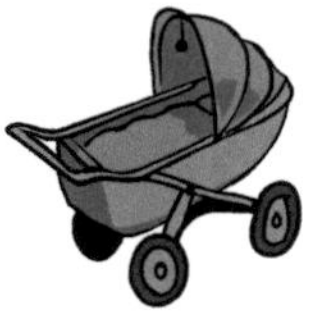

کالسکه

Wózek dziecięcy

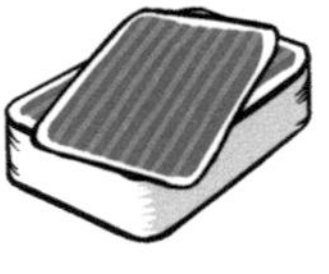

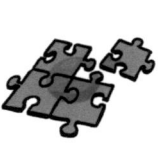

د لوبو ورقې

Gra w karty

جیګسا

Puzzle

SUPER MEGA

مسخره

Komiks

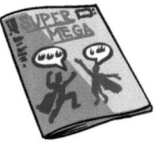

لیگو بریک

Klocki lego

د ناذخکو بلاک

Klocki

د اکشن فیګور

Action figura

د ماشوم پوښاک

Śpioszek dziecięcy

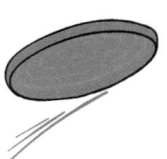

فریزبي

Frisbee

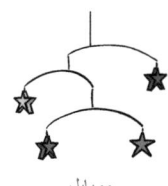

موبایل

Zabawki ruchome

بورد لوبه

Gra planszowa

تاس

Kości

مادل ریل سیټ

Kolejka elektryczna

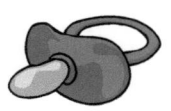

ګونګشی

Smoczek

پارتي

Przyjęcie

د عکسونو البوم

Książka z ilustracjami

بال

Piłka

ناذخکه

Lalka

لوبیدل

bawić się

د شگو کنده

Piaskownica

سوينگ

Huśtawka

ناڅخکي

Zabawki

د ويډيو لوبو کنسول

Konsola do gier

ترای سايکل

Rowerek trójkołowy

گوډۍ

Pluszowy miś

د کالو الماری

Szafa ubraniowa

جرابی

Skarpety

لوري جرابی

Pończochy

تايتس

Rajstopy

زروکی
Szal

چتری
Parasol

کمربند
Pasek

بتي شرت
T-Shirt

بوتان
Kozaki

سلپیر
Pantofle domowe

سنیکر
Obuwie sportowe

سیندل
Sandały

بوتان
Buty

د ربر بوتان
Kalosze

زیرنیکري
Majtki

سینه بند
Biustonosz

واسکت
Podkoszulek

بادي
....
Body

پتلون
....
Spodnie

جينز
....
Dżins

لمن
....
Spódnica

بلاوز
....
Bluzka

شرت
....
Koszula

بنيان
....
Pulower

سويتر
....
Bluza sportowa

بليزر
....
Marynarka

جاكت
....
Kurtka

كوت
....
Płaszcz

د باران كوت
....
Płaszcz przeciwdeszczowy

پوشاک
....
Kostium

كالى
....
Sukienka

د واده پوشاک
....
Suknia ślubna

دريشي
Garnitur męski

د شپې پوښاک
Koszula nocna

پاجامه
Piżama

ساري
Sari

لوپټه
Chusta na głowę

پټکی
Turban

برقه
Burka

كفتن
Kaftan

عبا
Abaya

د لامبو پوښاک
Strój kąpielowy

نيکر
Kąpielówki

شارت
Krótkie spodnie

د خُغاستي پوښاک
Dres sportowy

پيش بند
Fartuch

دستكش
Rękawiczki

بټن
Guzik

عینک
Okulary

لاس بند
Bransoletka

غاړه کۍ
Łańcuszek

ګوتمه
Pierścionek

غوږوالۍ
Kolczyk

خولۍ
Czapka

کوټ بند
Wieszak

خولۍ
Kapelusz

نتايي
Krawat

حُنُخِير
Zamek błyskawiczny

هیلمیټ
Kask

تړونکی
Szelki

د ښوونځي يونيفارم
Mundurek szkolny

يونيفارم
Mundur

بيب
....
Śliniaczek

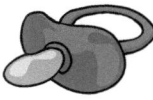

گـونگـشى
....
Smoczek

نيبي
....
Pieluszka

سرور
Serwer

د دوسيه الماری
Szafa na akta

پرينتر
Drukarka

ورق
Papier

مانيتـور
Monitor

ماوس
Mysz

ديسک
Biurko

فولډر
Segregator

کي بورډ
Klawiatura

اشغالدانی
Kosz na odpadki

کمپيوتر
Komputer

چوکی
Krzesło

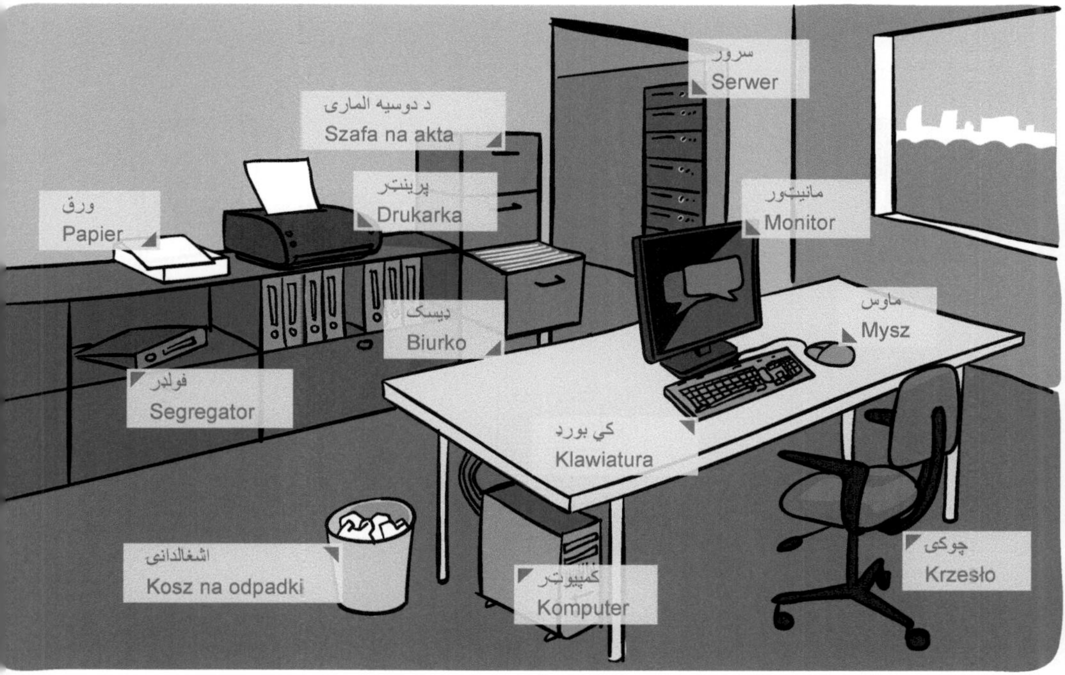

د کافي پياله
....
Filiżanka do kawy

کالکوليتر
....
Kalkulator

انټرنيټ
....
Internet

پ‌تاپ لپ

Laptop

کیل

List

پیغام

Wiadomość

موبایل

Komórka

نیتورک

Sieć

فوت‌وکاپیر

Kopiarka

سافت‌ّویر

Oprogramowanie

تلیفون

Telefon

پلک ساکت

Gniazdko

فکس مشین

Faks

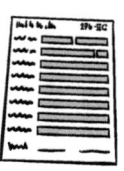

فارم

Formularz

سند

Dokument

پیرل

kupić

تادیه کول

płacić

سوداگري کول

postępować

پیسي

Pieniądze

دالر

Dolar

یورو

Euro

ین

Jen

ربل

Rubel

سویسي فرانک

Frank

رینمینبي یوان

Juan Renminbi

روپی

Rupia

د نغدي پیسو خای

Bankomat

د اسعارو د تبادلی دفتر

Kantor wymiany walut

سره زر

Złoto

سپین زر

Srebro

تیل

Olej

انرژي

Energia

نرخ

Cena

قرارداد

Umowa

مالیه

Podatek

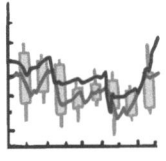

اسهام

Akcja

کار کول

pracować

کارمند

Pracownik umysłowy

کار ګومارونکی

Pracodawca

فابریکه

Fabryka

پلورنځی

Sklep

مسلکونه

Zawody

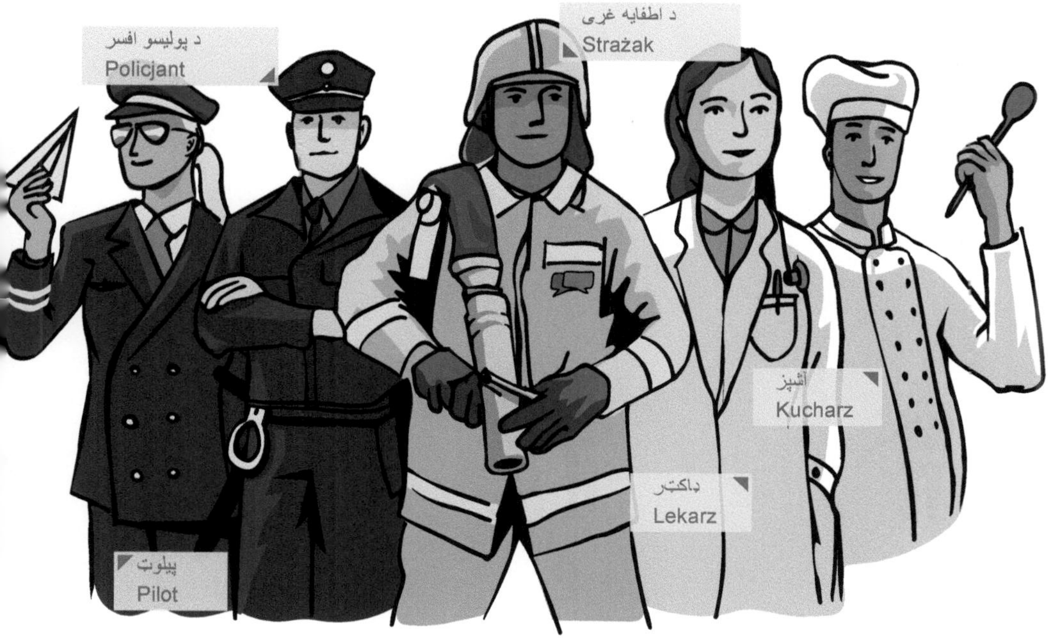

د پولیسو افسر
Policjant
د اطفایه غری
Strażak
آشپز
Kucharz
داکټر
Lekarz
پیلوټ
Pilot

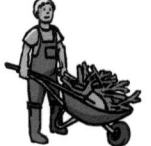

باغوان

Ogrodnik

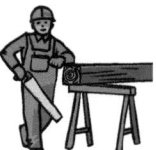

نجار

Stolarz

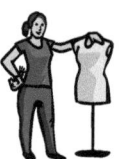

خیاط

Krawcowa

قاضي

Sędzia

کیمیا پوه

Chemik

د فلم لوبغاړی

Aktor

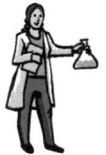

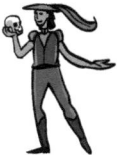

د بس ډرايور

Kierowca autobusu

د ټيکسي ډرايور

Taksówkarz

کب نيونکی

Fischer

خدمه

Sprzątaczka

بام جوړونکی

Dekarz

پيشخدمت

Kelner

ښکاري

Myśliwy

نقاش

Malarz

نانوا

Piekarz

د برېښنا کارکونکی

Elektryk

تعمير جوړونکی

Robotnik budowlany

انجنير

Inżynier

قصاب

Rzeźnik

نلدوان

Instalator

پوست رسونکی

Listonosz

سرتیری
Żołnierz

مهندسس
Architekt

صراف
Kasjer

مالیار
Florysta

نایی
Fryzjer

کلیندر
Konduktor

میکانیک
Mechanik

کپتان
Kapitan

د غابښونو ډاکتر
Dentysta

ساینس پوه
Naukowiec

ښاغلی
Rabin

امام
Imam

مذهبي نفر
Mnich

پادري
Proboszcz

لوازم
Narzędzia

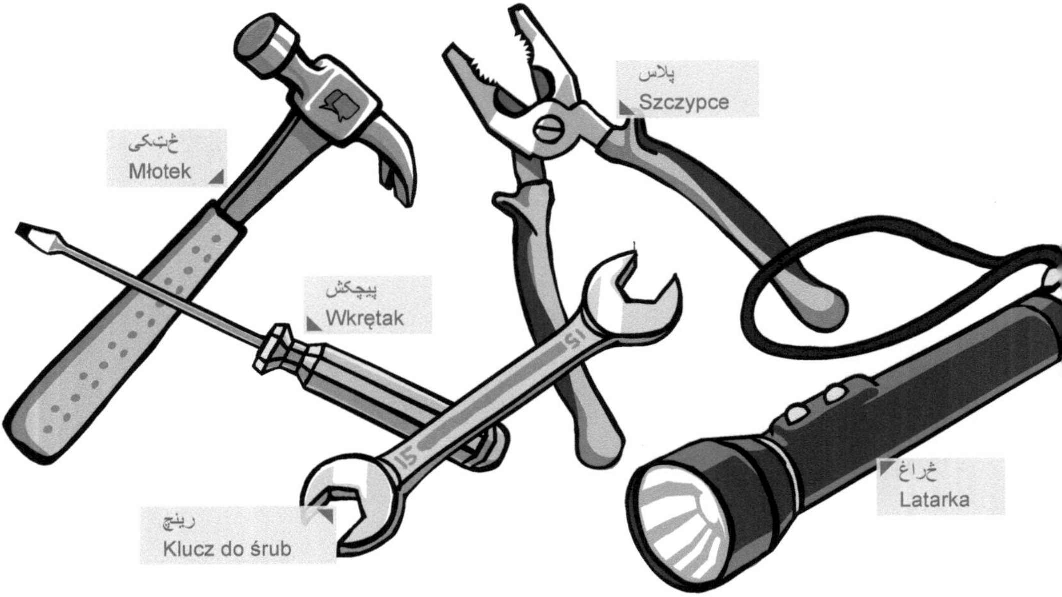

څټکی
Młotek
پلاس
Szczypce
پیچکش
Wkrętak
رینچ
Klucz do śrub
څراغ
Latarka

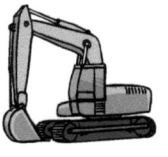

کنستونکی

Koparka

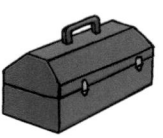

د لوازمو بکس

Skrzynka narzędziowa

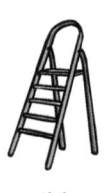

زینه

Drabina

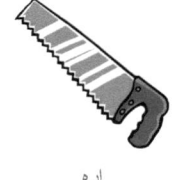

اره

Piła

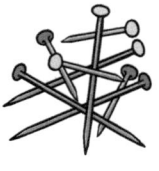

میخونه

Gwoździe

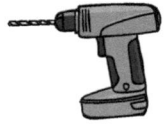

برمه

Wiertło

ترمیم کول

naprawić

بیل

Łopatka

لعنت!

Cholera!

خاک انداز

Szufelka

مشوانی

Puszka z farbą

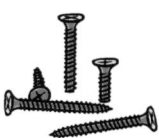

پیچونه

Śruby

د میوزیک آلات

Instrumenty muzyczne

لاود سپیکر
Głośnik

درم سیټ
Perkusja

کیتار
Gitara

کنټرباس
Kontrabas

ترومپیټ
Trąbka

پیانو
....
Pianino

وایلن
....
Skrzypce

باس
....
Bas

نغاره
....
Kotły

درمونه
....
Bęben

کي بورد
....
Keyboard

سیکسافون
....
Saksofon

ښپیلۍ
....
Flet

مایکروفون
....
Mikrofon

ژوبڼ
Zoo

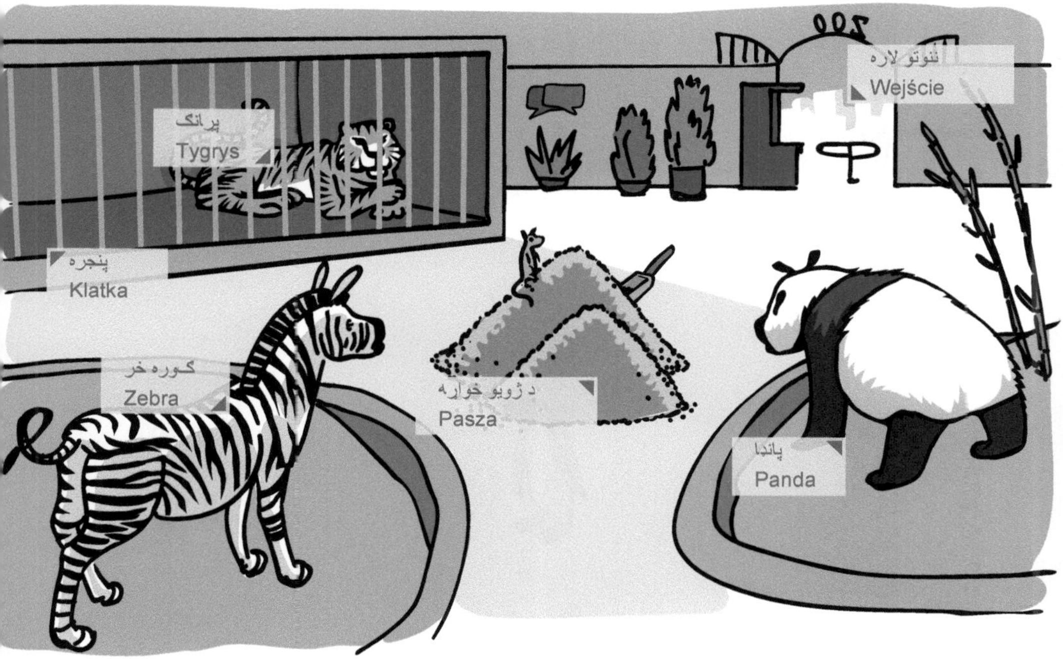

پړانګ
Tygrys
پنجره
Klatka
ګوره خر
Zebra
د ژویو خواره
Pasza
پاندا
Panda
ننوتو لاره
Wejście

ژوی

Zwierzęta

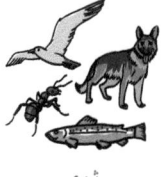

هاتي

Słoń

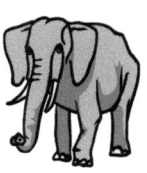

کنګرو

Kangur

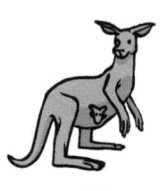

د اوبو اسپ

Nosorożec

ګوریلا

Goryl

ایږه

Niedźwiedź

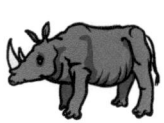

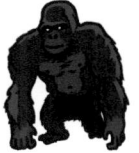

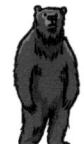

اوبٹ
Wielbłąd

شترمرغ
Struś

زمری
Lew

بيزو
Małpa

غزی
Fleming

طوطي
Papuga

قطبي ايرہ
Niedźwiedź polarny

پينگوين
Pingwin

شارک
Rekin

طاوس
Paw

مار
Wąż

تمساح
Krokodyl

ژوبن ساتونکی
Dozorca w zoo

سيل
Foka

جگوار
Jaguar

يابو

Kucyk

پرانگ

Gepard

هيپو

Hipopotam

زرافه

Żyrafa

باز

Orzeł

نرخوک

Dzik

کب

Ryba

شمشتی

Żółw

سمندري نولی

Mors

گيدرہ

Lis

هوسی

Gazela

امریکایی فټبال
Futbol amerykański

سایکل ځغلول
Kolarstwo

ټېنیس
Tenis

باسکیټبال
Koszykówka

لامبو
Pływanie

د کنګل هاکي
Hokej na lodzie

باکسینګ
Boks

فټبال
Piłka nożna

کسیزه
Badminton

د خغاستي لوبي
Lekka atletyka

د هندبال
Piłka ręczna

سکي
Narciarstwo

پولو
Polo

فعالیتونه

Działania

ټوپ وهل
skakać
غاړه ورکول
objąć
خندل
śmiać się
ګرځېدل
iść
سندرې ويل
śpiewać
حوب ليدل
marzyć
عبادت کول
modlić się
مچو کول
całować

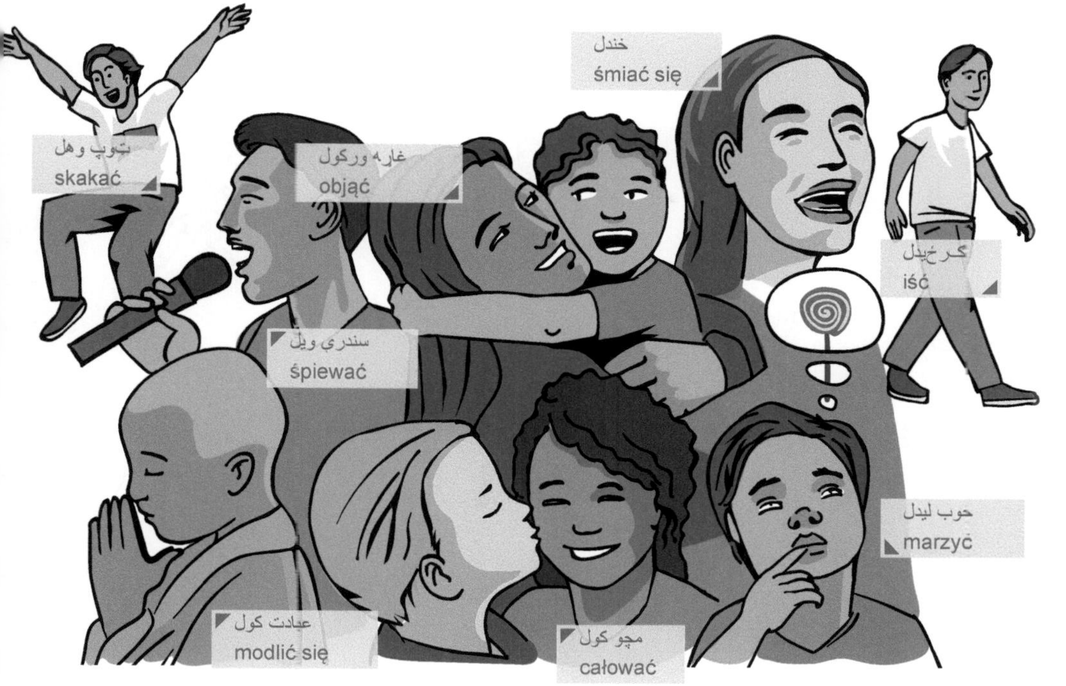

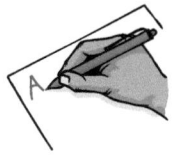

ليکل

pisać

کښل

rysować

ښودل

pokazywać

ټيله کول

nacisnąć

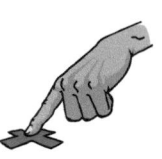

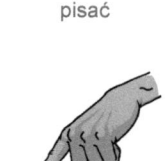

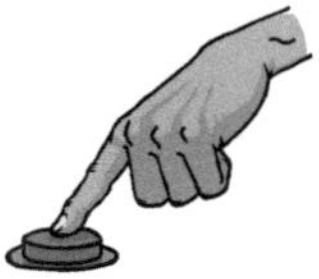

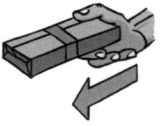

ورکول

dać

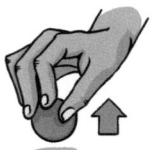

اخيستل

wziąć

دلولدرل

mieć

کول

robić

پاییدل

być

ودريدل

stać

منډي و هل

biegać

راکښل

ciągnąć

کـوزارل

rzucać

لويدل

spaść

خـملاستل

leżeć

انتظار کول

czekać

ورل

nosić

کښېناستل

siedzieć

پوښاک اغوستل

zakładać

ويده کېدل

spać

پاڅېدل

budzić się

کتل

spojrzeć

ژړل

płakać

بريد کول

głaskać

ګمنځ کول

czesać się

خبري کول

mówić

پوهیدل

rozumieć

غوښتل

pytać

اوریدل

słyszeć

څښل

pić

خورل

jeść

پاکول

sprzątać

مینه کول

kochać

پخلی کول

gotować

موټر چلول

jechać

الوتل

latać

بېری چلول

żeglować

حساب

liczyć

لوستل

czytać

زده کول

uczyć się

کار کول

pracować

واده کول

wejść w związek małżeński

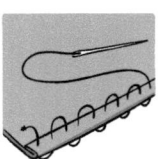

کندل

szyć

د غاښونو برس کول

myć zęby

وژل

zabić

سګرټ څکښل

palić tytoń

لیږل

wysłać

کورنی

Rodzina

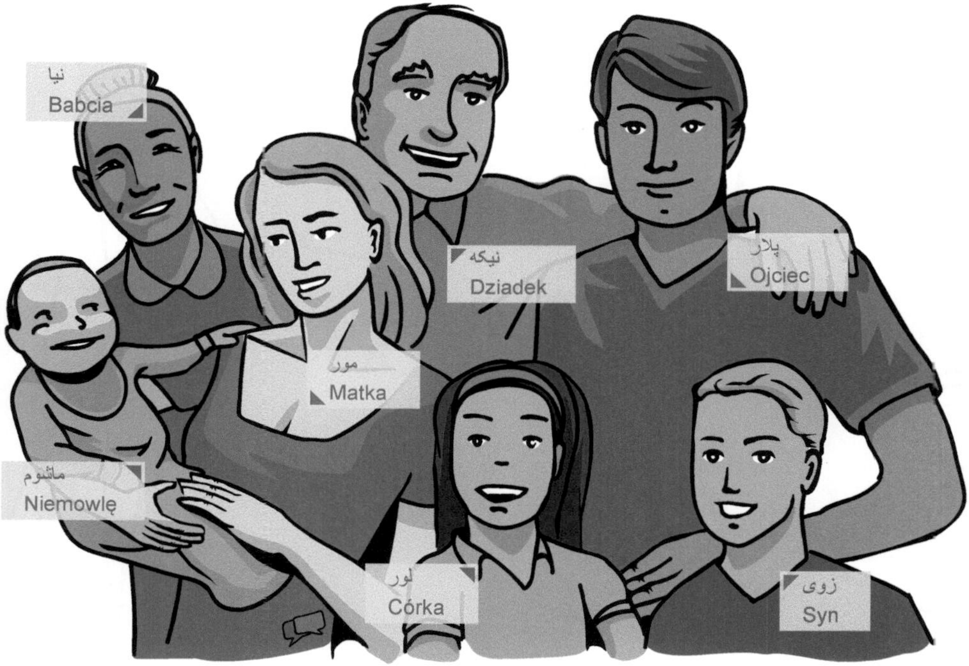
نیا
Babcia
نیکه
Dziadek
پلار
Ojciec
مور
Matka
ماشوم
Niemowlę
لور
Córka
زوی
Syn

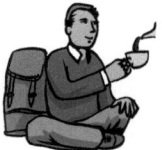

میلمه

Gość

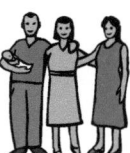

ترور

Ciotka

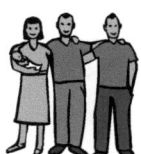

کاکا/ماما

Wujek

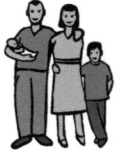

ورور

Brat

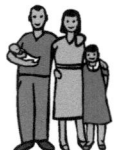

خور

Siostra

بدن
Ciało

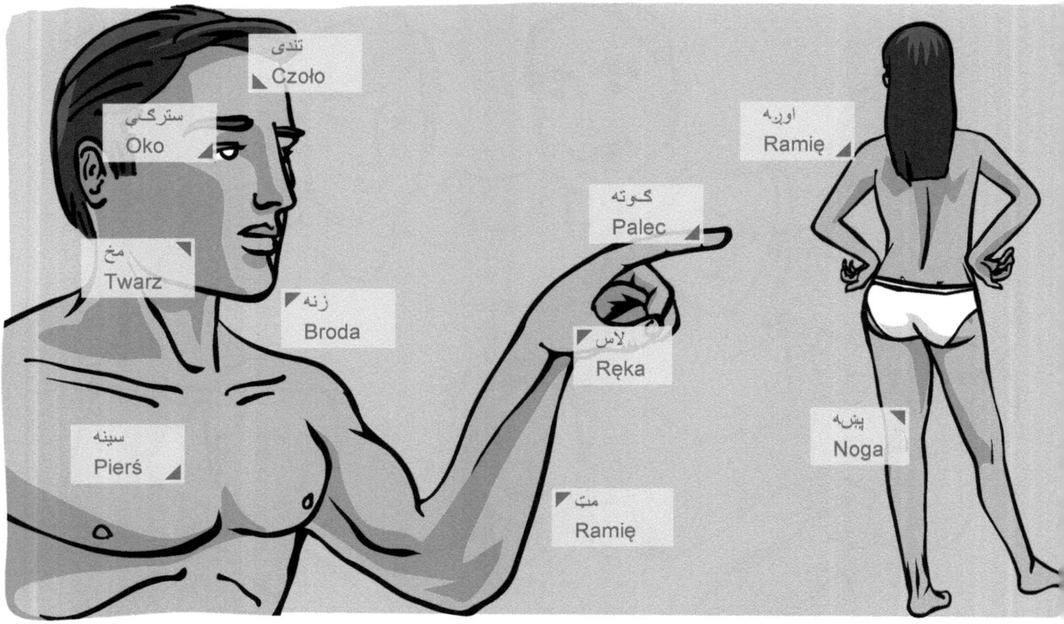
تندی
Czoło
سترګې
Oko
اوږه
Ramię
ګوته
Palec
مخ
Twarz
زنه
Broda
لاس
Ręka
سینه
Pierś
پښه
Noga
مټ
Ramię

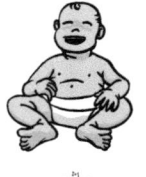

ماشوم
Niemowlę

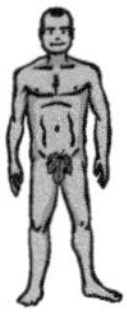
سړی
Mężczyzna

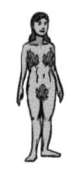

ښځه
Kobieta

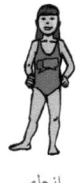

انجلۍ
Dziewczyna

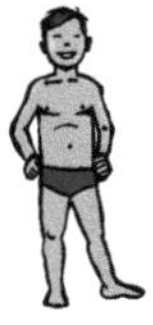
هلک
Chłopiec

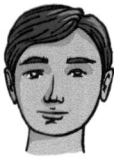

سر
Głowa

شاا
....
Plecy

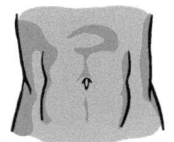

خيته
....
Brzuch

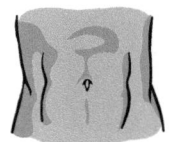

نوم
....
Pępek

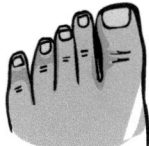

د پښي ګـوته
....
palec nogi

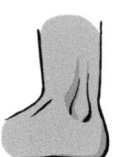

پونده
....
Pięta

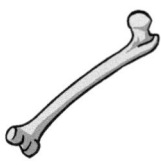

هډوکی
....
Kość

كوناټى
....
Biodro

زنګون
....
Kolano

څنګل
....
Łokieć

پوزه
....
Nos

لاندي برخه
....
Pośladki

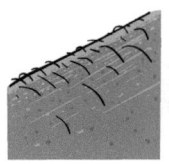

پوتکی
....
Skóra

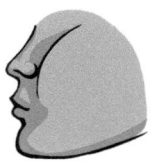

غومبوری
....
Policzek

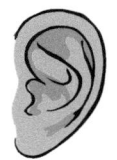

غوږ
....
Uszy

شونډه
....
Warga

خوله

Usta

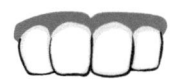

غابش

Ząb

ژبه

Język

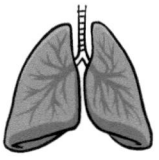

مغز

Mózg

زره

Serce

عضله

Mięsień

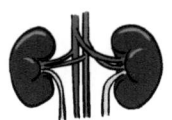

سړی

Płuca

ځيګر

Wątroba

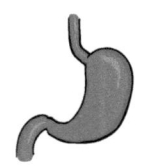

معده

Żołądek

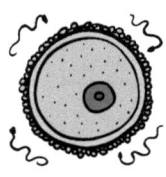

پينړورګي

Nerki

جنسي نږدي والی

Stosunek płciowy

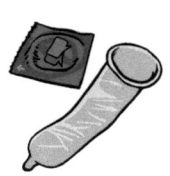

كاندوم

Kondom

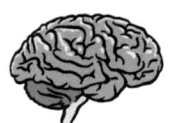

تخمه

Komórka jajowa

مني

Sperma

حمل

Ciąża

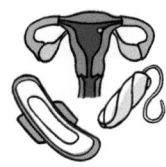

حيض

Menstruacja

مهبل

Wagina

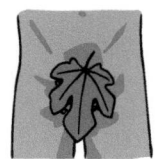

د نارينه تناسلي آله

Penis

وروځی

Brew

ویښته

Włosy

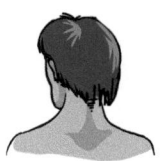

غاړه

Szyja

روغتون

Szpital

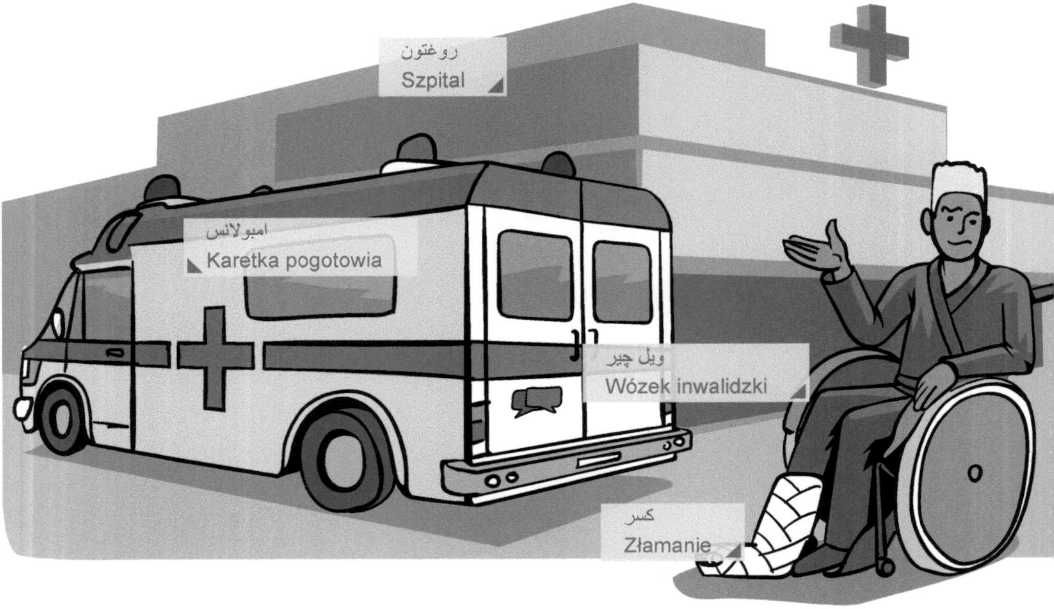

روغتون
Szpital
امبولانس
Karetka pogotowia
ویل چیر
Wózek inwalidzki
کسر
Złamanie

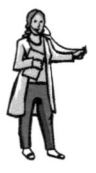

ډاکټر

Lekarz

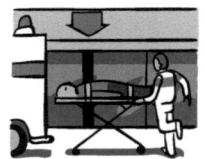

عاجل خونه

Izba przyjęć

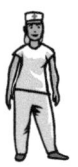

رنځورپال

Pielęgniarka

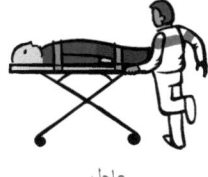

عاجل

Nagły przypadek

بي هوش

nieprzytomny

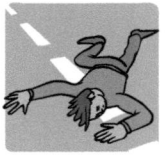

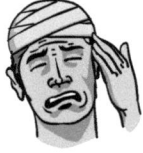

درد

Ból

پټ

Skaleczenie

ويني تويدل

Krwawienie

د زړه حمله

Zawał serca

ضرب

Udar mózgu

حساسيت

Alergia

ټوخی

Kaszleć

تبه

Gorączka

انفلوينزا

Grypa

نس ناستی

Biegunka

سر درد

Ból głowy

سرطان

Rak

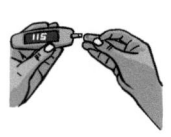

شکر

Cukrzyca

جراح

Chirurg

سکالپل

Skalpel

عمليات

Operacja

سیتی‌سکن

CT

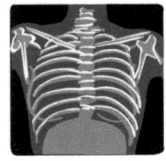

ری ایکس

Rentgen

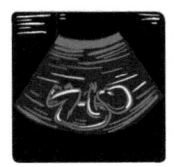

سونوگرافی

Ultradźwięki

ماسک دهان

Maska

بیماری

Choroba

اتاق انتظار

Poczekalnia

عصا

Kula

پلستر

Plaster

باند

Opatrunek

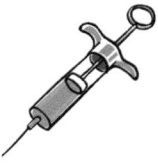

تزریق

Iniekcja

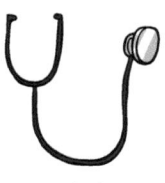

استتوسکوپ

Stetoskop

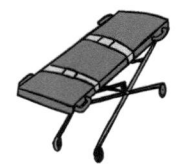

تسکره

Nosze

ترمامیتر کلینیکی

Termometr

زایمان

Poród

اضافه وزن

Nadwaga

د اوریدو مرسته

Aparat słuchowy

د عفونیت ځخه پاکونکي مواد

Środek dezynfekcyjny

عفونیت

Infekcja

ویروس

Wirus

ایچ.آی.وی/ایدز

HIV / AIDS

درمل

Medycyna

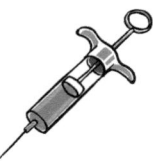

واکسین

Szczepienie

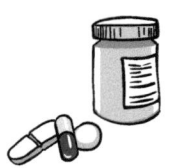

ټابلیټس

Tabletki

ګولی

Pigułka

عاجل تلیفون

Telefon ratunkowy

د وینې د فشار څارونکی

Ciśnieniomierz krwi

ناروغ/روغ

chory / zdrowy

مرسته!

Pomocy!

الارم

Alarm

یرغل

Napad

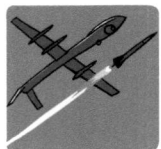

برید

Atak

خطر

Niebezpieczeństwo

عاجل لاره

Wyjście awaryjne

اور!

Pożar!

د اور وژونکی

Gaśnica

پیښه

Wypadek

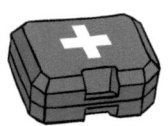

د لومړی مرستی لوازم

Walizeczka pierwszej
pomocy

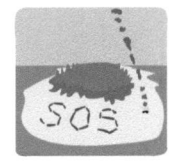

ایس.او.ایس

SOS

پولیس

Policja

Ziemia

اروپا

Europa

شمالي امريکا

Ameryka Północna

سهيلي امريکا

Ameryka Południowa

افريقا

Afryka

آسيا

Azja

آستريليا

Australia

اتلانتيک

Atlantyk

پاسيفيک

Pacyfik

د هند بحر

Ocean Indyjski

جنوبي منجمد بحر

Ocean Antarktyczny

د شمال قطب بحر

Ocean Arktyczny

شمالي قطب

Biegun północny

سهيلي قطب

Biegun południowy

انتارکتیکا

Antarktyda

خُمکه

Ziemia

خُمکه

Kraj

بحر

Morze

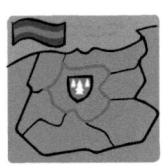

ټاپو

Wyspa

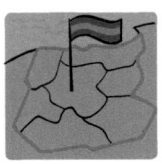

ملت

Naród

دولت

Państwo

د مخي ساعت
....
Cyferblat

د ساعت ستنه
....
Wskazówka godzinowa

د دقيقي ستنه
....
Wskazówka minutowa

د ثانيى ستنه
....
Wskazówka sekundowa

څه وخت دى؟
....
Która godzina?

ورځ
....
Dzień

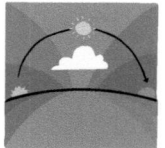

وخت
....
Czas

اوس
....
teraz

ديجيتل ساعت
....
Zegarek digitalny

دقيقه
....
Minuta

ساعت
....
Godzina

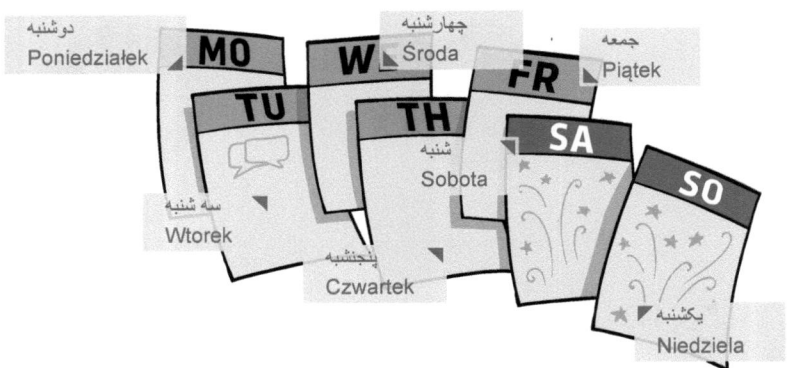

دوشنبه
Poniedziałek

چهارشنبه
Środa

جمعه
Piątek

سه شنبه
Wtorek

شنبه
Sobota

پنجشنبه
Czwartek

يكشنبه
Niedziela

پرون
....
wczoraj

نن
....
dzisiaj

سبا
....
jutro

سهار
....
Rano

غرمه
....
Południe

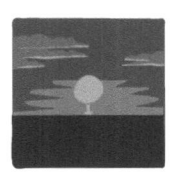

ماښام
....
Wieczór

کاري ورځي
....
Dni robocze

د اونۍ پای
....
Weekend

کال

Rok

باران
Deszcz
رنګين کمان
Tęcza
واوره
Śnieg
باد
Wiatr
پسرلی
Wiosna
منی
Jesień
اوړی
Lato
ژمی
Zima

4.APRIL 11°
5.APRIL 4°
6.APRIL 13°
7.APRIL 8°
8.APRIL 10°

د موسم وړاندوينه
....
Prognoza pogody

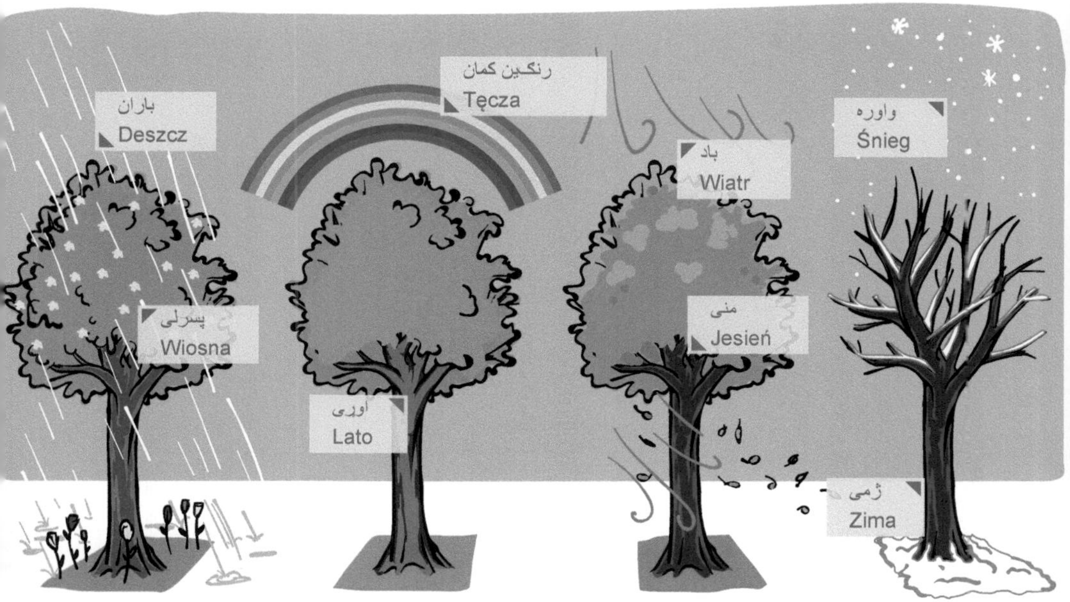

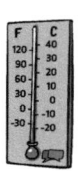

F C
120 40
90 30
60 20
30 10
0 0
-30 -10
-20

ترموميټر
....
Termometr

د لمر وړانګي
....
Światło słoneczne

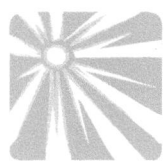

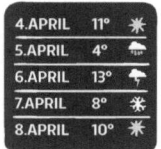

وريځ
....
Chmura

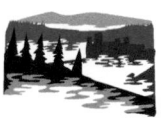

لړه
....
Mgła

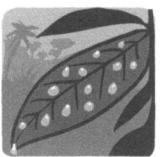

رطوبت
....
Wilgotność powietrza

رعد

Błyskawica

تندر

Grzmot

توفان

Sztorm

ژلی وریدل

Grad

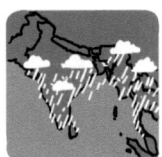

مون سون باران

Monsun

سیلاب

Potop

یخ

Lód

جنوري

Styczeń

فبروري

Luty

مارچ

Marzec

اپرہل

Kwiecień

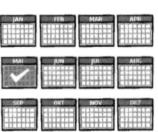

می

Maj

جون

Czerwiec

جولای

Lipiec

اگست

Sierpień

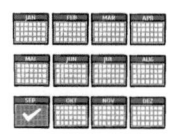

سپتمبر

Wrzesień

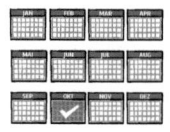

اکتوبر

Październik

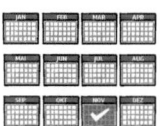

نومبر

Listopad

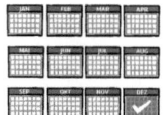

دسمبر

Grudzień

شکلونه

Kształty

دایره

Koło

مربع

Kwadrat

مستطیل

Prostokąt

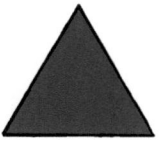

مثلث

Trójkąt

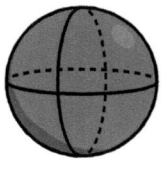

توپ

Kula

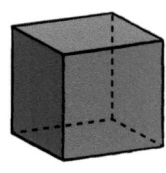

فال

Sześcian

سپین
....
biały

ژیړ
....
żółty

نارنجي
....
pomarańczowy

ګلابي
....
różowy

سور
....
czerwony

ارغواني
....
liliowy

نيلي
....
niebieski

شين
....
zielony

نسواري
....
brązowy

خړ
....
szary

تور
....
czarny

خورا ډير/خورا لږ

dużo / mało

قار/ارام

wściekły / spokojny

ښکلی/بدشکله

piękny / brzydki

پیل/پای

początek / koniec

لوی/کوچنی

duży / mały

روښانه/تیاره

jasny / ciemny

ورور/خور

brat / siostra

پاک/ککر

czysty / brudny

مکمل/نامکمل

kompletny / niekompletny

ورځ/شپه

dzień / noc

مړ/ژوندی

umarły / żywy

پراخه/انری

szeroki / wąski

د خوراک ور/نه خورل کیدونکی

jadalny / niejadalny

بد/مهربان

zły / uprzejmy

پاریدلی/بی خونده

podniecony / znudzony

چاق/وچ

gruby / chudy

لومړی/وروستی

najpierw / na końcu

ملګری/دښمن

przyjaciel / wróg

ډک/تش

pełen / pusty

سخت/نرم

twardy / miękki

درون/سپک

ciężki / lekki

لوږه/تنده

głód / pragnienie

ناروغ/روغ

chory / zdrowy

غیرقانوني/قانوني

nielegalny / legalny

هوښیار/ساده

inteligentny / głupi

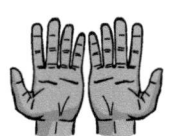

کین/ښی

lewo / prawo

نږدې/لرې

bliski / daleki

نویازور
....
nowy / używany

هیخ/یوخه
....
nic / coś

بدا/خوان
....
stary / młody

چالان/بند
....
włącz / wyłącz

خلاص/ترلی
....
otwarty / zamknięty

غلی/لور غږ
....
cichy / głośny

بدایه/غریب
....
bogaty / biedny

صحیح/غلط
....
prawidłowy / błędny

زیر/ملایم
....
chropowaty / gładki

خفه/خوښ
....
smutny / szczęśliwy

لند/اورد
....
krótki / długi

سست/گرندی
....
powolny / szybki

لوند/وچ
....
mokry/suchy

گرم/یخ
....
ciepły / chłodny

جگړه/سوله
....
wojna / pokój

Liczby

0	**1**	**2**
صفر	يو	دوه
zero	jeden	dwa
3	**4**	**5**
دري	څلور	پنځه
trzy	cztery	pięć
6	**7**	**8**
شپږ	اوه	اتّه
sześć	siedem	osiem
9	**10**	**11**
نهه	لس	يولس
dziewięć	dziesięć	jedenaście

12
سولد

dwanaście

13
سيارد

trzynaście

14
څوارلس

czternaście

15
پنځلس

piętnaście

16
شپارس

szesnaście

17
وولس

siedemnaście

18
اتلس

osiemnaście

19
سلون

dziewiętnaście

20
شل

dwadzieścia

100
سل

sto

1.000
زر

tysiąc

1.000.000
ميليون

milion

انگلسي

Angielski

امریکایی انگلسي

Angielski amerykański

چینایی مندرین

Chiński mandaryński

هندي

Hindi

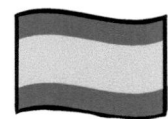

هسپانوي

Hiszpański

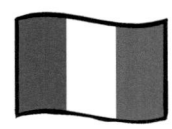

فرانسوي

Francuski

عربي

Arabski

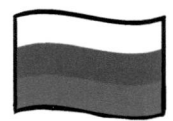

روسي

Rosyjski

پرتگالي

Portugalski

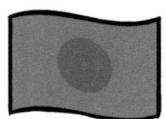

بنگالي

Bengalski

آلماني

Niemiecki

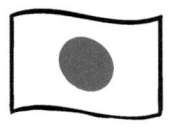

جاپاني

Japoński

زه

ja

ته

ty

هغه/دغه/دا

on / ona / ono

موږ

my

تاسي

wy

دوی/هغوی

oni

خوک؟

kto?

څه؟

co?

خنگه؟

jak?

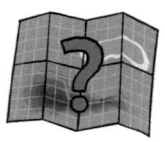

چیری؟

gdzie?

کله؟

kiedy?

نوم

Nazwisko

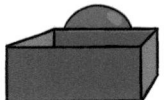

شاته

za

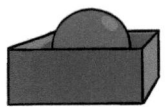

په

w

په مخه کی

przed

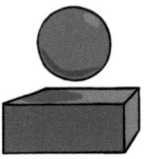

باندی

powyżej

په

na

لاندي

pod

برسیره پر

obok

ترمینځ

między

ځای

Miejsce